Inhalt

Erdgas - Ist Schiefergasförderung mit Fracking ein Irrweg auf dem Weg zur nachhaltigen Energieversorgung?

Erdgas - Ist Schiefergasförderung mit Fracking ein Irrweg auf dem Weg zur nachhaltigen Energieversorgung?

Anja Schneider

Kernthesen

- Erdgas ist in Deutschland eine beliebte Energieform, vor allem beim Heizen, zum Leidwesen der Gasbranche jedoch nicht bei der Stromerzeugung.
- Gas positioniert sich als Partner der Erneuerbaren Energien in der Energiewende.

- Die heimische Erdgasförderung ist gering, die Abhängigkeit von russischen Importen hoch.
- Die Förderung von Schiefergasressourcen nach amerikanischem Vorbild mittels Fracking ist in Europa und Deutschland theoretisch möglich.
- Aber es gibt viele Vorbehalte, keine klar definierten gesetzlichen Regeln, und die ökologischen Risiken werden als hoch eingeschätzt.
- In den Ansätzen von Greening of Gas und Green Fracking steckt noch sehr viel Zukunftsmusik.

Beitrag

Erdgas ist beliebte Heizenergie, fast jeder zweite Haushalt heizt damit

Die Deutschen lieben die erneuerbaren Energien, haben aber auch eine positive Einstellung zum Erdgas als Energiequelle. Dabei erzeugen sie vor allem Wärme gerne mit Erdgas. Zum Leidwesen der Gasbranche rückt das Gas bei der Stromerzeugung

immer weiter hinter die Erneuerbaren und die Kohle. Erdgas gilt als emissionsarmer Brennstoff, wird also unter dem Blickwinkel der Umweltverträglichkeit generell positiv wahrgenommen (anders als die fossilen Konkurrenten Erdöl, Steinkohle und Braunkohle). Von den rund 38,5 Millionen Wohnungen in Deutschland wurden 2012 knapp die Hälfte, also rund 18 Millionen Wohnungen, mit Erdgas beheizt. Zu differenzieren ist allerdings Neubau und Bestand. [Abb. 1]
Rund 45 Prozent der Eigenheimbesitzer in Deutschland würden sich heute, wenn sie die Wahl hätten, für ein Heizsystem mit Erdgas entscheiden, ergab eine Umfrage des Verbandes BDEW. 2008 waren es noch etwa 30 Prozent. Nach Erhebungen des BDEW wurde im Jahr 2012 für 48,1 Prozent aller Wohnungsneubauten eine Erdgasheizung vorgesehen. (1), (2), (3), (4)

Energetische Gebäudesanierung stockend

Im Gebäudebestand sieht es hingegen nicht so gut aus. Die Anlagenhersteller sprechen von Sanierungsstau im Keller. Von den gut 20 Millionen in Deutschland installierten Heizungsanlagen befänden sich nur zwölf Prozent auf dem Stand der Technik, viele Anlagen seien nicht effizient genug.

Die energetische Gebäudesanierung ist also wichtig und wird von der Bundesregierung im Rahmen der Energiewende vorangetrieben. Noch ist viel zu tun bei der Gebäudedämmung und der Nachrüstung zeitgemäßer Heizungs- und Gebäudetechnik. Immobilienbesitzer und Mieter fürchten die hohen Kosten. Die Deutsche Energie-Agentur (Dena) versucht zu beruhigen und rechnet vor, dass sich die Mehrkosten für die energetischen Maßnahmen über die Energieeinsparung refinanzieren lassen. (1), (2), (3), (4)

Greening of gas

Das Potenzial von Erdgas ist noch nicht ausgeschöpft: Die Erdgas-Brennwerttechnik ist bei den Verbrauchern als effiziente Heiztechnik zwar zunehmend bekannt. Die Marktdurchdringung der ausgereiften und bereits günstig erhältlichen Gasbrennwertgeräte liegt derzeit bei 22 Prozent und kann durch aktiven Vertrieb gesteigert werden, so die Anlagenhersteller. Moderne Erdgasanwendungen lassen sich mit Solarthermie oder Bio-Erdgas kombinieren, das wissen noch zu wenige. Die Rede ist von Greening of Gas, von so genannten Gas-Plus-Technologien wie beispielsweise Gasbrennwertgeräte plus Solarthermie, Gaswärmepumpe und Mikro-KWK. (2), (5)

Heimische Erdgasförderung sehr gering

Erdgas könnte beim Umbau der deutschen Energieversorgung also eine wichtige Rolle spielen, auch wenn der Gasanteil in der Stromerzeugung derzeit erst bei ungefähr zwölf Prozent liegt. Das bestehende Gasleitungsnetz könnte zur Stromspeicherung genutzt werden (Power to gas), moderne Gaskraftwerke könnten die Lücken füllen, die angesichts der Schwankungen bei der Energieerzeugung aus Wind und Sonne erwartet werden und Mini-Kraftwerke in Hauskellern könnten Strom und Wärme zum Heizen liefern. (6)

Der große Haken an der Geschichte: Deutschland hat nicht genügend Erdgas oder treffender gesagt: es fördert nicht genügend Erdgas selbst. Die heimische deutsche Förderung steuert nur zehn Prozent zum gesamten inländischen Energiebedarf bei. Der Großteil des in Deutschland verbrauchten Erdgases wird über Pipelines angeliefert und zwar aus Russland, Norwegen und den Niederlanden. Im Jahr 2012 lag der Importanteil für russisches Gas bei 38 Prozent. Die aktuelle Krimkrise und das entbrannte Säbelrasseln der Großmächte verstärkt das Unbehagen angesichts dieser energiepolitischen Abhängigkeit vom Reich Putins. Die Stimmen, die die heimische Gasförderung ankurbeln möchten, werden lauter. Sie befürworten das Fracking und führen die USA als Musterbeispiel an. Obama seinerseits signalisierte prompt Bereitschaft, Europa mit seiner billigen Energie zu beliefern & dann allerdings müssten flugs Tankerflotten mobilisiert und Flüssiggasterminals aus dem Boden gestampft werden! (7), (8)

Schiefergasförderung mittels Fracking zeigt verlockenden Nutzen

Fracking (Hydraulic Fracturing) ist eine Fördermethode für Erdgas (und auch Erdöl) aus so genannten unkonventionellen Vorkommen wie beispielsweise Schiefergestein. Dabei wird ein Mix aus Wasser, Chemikalien und Sand mit hohem Druck in die Tiefe gepresst, das Schiefergestein aufgesprengt und das im Fels gebundene Öl und Gas herausgelöst. Die Technologie ist keineswegs eine neue Entwicklung, sondern ein Standardverfahren; allerdings lohnte sich ihr Einsatz erst, als Gas- und Ölpreis eine stattliche Höhe erklommen hatten.
In den USA sorgte die rasante Gaspreisentwicklung in den Jahren zwischen 2000 und 2008 dafür, dass die Explorer-Industrie die Förderung von Gas aus Schiefergasvorkommen energisch vorantrieb.

Mittlerweile läuft die amerikanische Förderung von Erdgas und Erdöl mittels Fracking auf Hochtouren. Der Rest der Welt blickt neidvoll auf die positiven Effekte. Erstens: Die USA sind international an die Spitze der erdgas- und erdölfördernden Länder aufgerückt und dem Ziel einer importunabhängigen Energieversorgung näher gekommen. Zweitens: Der Gaspreis ist in den USA drastisch gesunken und beträgt in etwa ein Viertel des europäischen Preises. Drittens: Die amerikanische Industrie hat demzufolge kräftig an Fahrt aufgenommen, viele neue Arbeitsplätze gehen auf das Konto der boomenden Schiefergasförderung. Der Nutzen des Fracking ist also absolut verlockend. (9), [Abb. 2]

Möglich wärs auch in Deutschland

Möglich wäre das billige Gas auch für Europas Industrieunternehmen. Schiefergasressourcen sind in Europa und auch in Deutschland sehr wohl vorhanden. Europa verfügt über rund sieben Prozent der weltweit abbaubaren Schiefergasvorkommen, errechnete A.T. Kearney in einer aktuellen Studie, die sich mit dem Potenzial von Schiefergas befasst. Fracking wird auch in Deutschland seit über 50 Jahren angewandt. Seit zwei Jahren ist allerdings von den Behörden keine Genehmigung mehr erteilt worden. Deutschland und Europa (mit Ausnahme von Polen und Rumänien) präsentieren sich als Bedenkenträger. Hauptkritikpunkte sind die umstrittene Umweltverträglichkeit und die ökologischen Gefahren des Fracking. (9), (10)

Umweltschützer, Kommunen, Wasserversorger warnen: Fracking umweltschädlich und teuer!

Die Befürworter der Schiefergasförderung in Deutschland monieren, dass die Menschen zu wenig oder gar falsche Informationen und Vorstellungen bezüglich des Fracking hätten. Umweltschützer, Kommunen und Wasserversorger warnen hingegen vor den Gefahren. Die kommunalen Wasserversorger weisen auf verunreinigte Trinkwasserressourcen hin, die für lange Zeit oder gar für immer verloren seien. Beim Fracking werden diverse Chemikalien eingesetzt, die das Grundwasser und Oberflächengewässer vergiften können. Einer Studie des deutschen Umweltbundesamts zufolge wurden bis dato 112 verschiedene Stoffe beim Fracking in Deutschland eingesetzt, von denen 76 identifiziert werden konnten. Hiervon wurden ein Biozid als "stark wassergefährdend" und 17 weitere Stoffe als "wassergefährdend " eingestuft. 36 der verwendeten

Stoffe konnten nicht eindeutig identifiziert werden. Zwei aktuelle "Friends of the Earth Europe"-Reports kommen zu dem Ergebnis, dass Schiefergas nicht nur umweltschädlich, sondern auch extrem teuer sei. Verschiedene Gutachten bestätigen die Risiken bei der Förderung von unkonventionellen Gasvorkommen durch Fracking. Hingewiesen wird auf ungeklärte technische Fragen und Risiken bei der Lagerung der Chemikalien, dem Transport und der Entsorgung der flüssigen Abfälle. Außerdem seien die Bohrkosten in Europa deutlich höher als in den USA, weil das Gas aus viel größerer Tiefe hochgepumpt werden müsse, argumentieren Experten. Andere warnen davor, dass die amerikanische Schiefergaseuphorie nicht so ohne weiteres auf Europa zu übertragen sei: In europäischen Ländern gelten strengere Umweltauflagen als in den USA, noch ungenügend seien die Schätzungen bezüglich der Schiefergasressourcen, die Lagerstätten seien kleiner und weiter zerstreut, das öffentliche Eigentum an Bodenrechten ist anders geregelt als in den USA, die Bevölkerungsdichte in Europa und gerade in Deutschland ist viel höher. (9), (11), (12)

Gesetzliche Regelungen in Deutschland und in der EU

Die Deutschen hegen Misstrauen gegenüber der

Fördertechnologie Fracking, gegen geplante Pilotprojekte regt sich umgehend Widerstand, so etwa am Bodensee zwischen Konstanz und Biberach. (Vermutlich lehnt der/die Durchschnittsdeutsche das Windrad neben seinem/ihrem Haus ebenso ab wie die neue Hochspannungstrasse oder eben das Fracking-Bohrloch mit Chemikaliencocktail.) Ohnehin fehlen derzeit in Deutschland klare gesetzliche Vorgaben zur Schiefergaserkundung und zur kommerziellen Förderung. Gesetzesvorschläge liegen seit geraumer Zeit auf Eis. In Nordrhein-Westfalen wurde 2011 von der Landesregierung ein offizielles Moratorium verhängt.

Die EU-Kommission ermöglicht den Ländern das Fracking prinzipiell, empfiehlt eine sorgfältige Prüfung von Umweltauswirkungen und -risiken für Gewässer, Luft und Boden. Konkrete Richtlinien gibt sie nicht, überlässt dies den Mitgliedsstaaten und hält sie dazu an, die Kommissionsempfehlungen innerhalb von sechs Monaten anzuwenden und der Kommission ab Dezember 2014 jährlich über Fracking-Vorhaben zu berichten. Die Wirksamkeit dieses Ansatzes wolle man in 18 Monaten überprüfen. Diese passive Haltung ärgert die kommunale Wasserwirtschaft, die sich einen strikteren Trinkwasserschutz gewünscht hätte. Die europäischen Länder agieren unterschiedlich: Frankreich hat im Juli 2011 Fracking verboten, Bulgarien folgte mit einem Verbot im Februar 2012, ebenso die Niederlande. In Spanien lehnt die Bevölkerung Fracking ab. Anders agiert Polen: Hier soll die Schiefergasentwicklung intensiv vorangetrieben werden. Die polnische Schiefergas-Seifenblase scheint jedoch bereits zu platzen. Der britische Premierminister David Cameron hegt große Sympathien für das Fracking. Global betrachtet zeigen sich Länder wie Kanada, Mexiko, Argentinien, Großbritannien, die Ukraine, Russland und China deutlich aufgeschlossener gegenüber der Schiefergasförderung. (11), (12), (13), (14), (15)

Trends

Wer mit Öl heizt, muss heute mehr als doppelt so viel für eine warme Wohnung bezahlen als noch im Jahr 2000. Auch Erdgas ist über 70 Prozent teurer als noch vor 13 Jahren. (16)

Fallbeispiele

Berlin: Wasserversorger und Getränkeindustrie gegen Fracking

In Berlin haben sich etwa 700 Wasserversorger und Unternehmen der Getränkeindustrie zum Schutz der Wasservorkommen zu einem Bündnis zusammengeschlossen. Sie fordern ein Gesetz zum

Schutz vor den Gefahren des Frackings. Unter anderem fordert das Bündnis ein Fracking-Verbot in Wasserschutzgebieten und in den Einzugsgebieten von Mineral- und Heilquellen, eine klare Kennzeichnung dieser Ausschlussgebiete sowie ein Vetorecht für die Wasserbehörden. Beteiligt sind u. a. Gelsenwasser, die Arbeitsgemeinschaft der Wasserwerke der Ruhr und der Deutsche Brauer-Bund. (17)

USA: Flaut Shale Gas Boom ab?

Im Jahr 2006 starteten in den USA Bohrfirmen die Gewinnung von Erdgas aus unkonventionellen Lagerstätten wie Schiefer-Formationen über neue Fracking-Technologien. Es entwickelte sich ein Schiefergasboom. Im Jahr 2012 stammten fast 40 Prozent des im eigenen Land gewonnenen Erdgases aus Schieferformationen. Eine bejubelte Folge war ein erheblicher Verfall des Gaspreises. Am 2. Juli 2008 betrug der Gaspreis noch 13,31 US-Dollar pro Million British Thermal Units, am 12. April 2012 waren es nur noch 1,87 US-Dollar pro mmBTU, inzwischen liegt der Preis bei etwa 4,40 US-Dollar pro mmBTU; bis zum Jahr 2035 soll er zwischen vier und fünf US-Dollar pro mmBTU bleiben. Während einerseits Behörden und Wirtschaftsforschungsinstitute sehr rosige Zukunftsperspektiven zeichnen, mehren sich andererseits die Anzeichen für ein deutliches Abflauen des Booms. Die Beteiligungen für die

Exploration von Schiefergas-Vorkommen sind sehr deutlich zurückgegangen, es gibt weniger Bohrungen, denn die niedrigen Gaspreise sorgen dafür, dass viele Bohrungen unwirtschaftlich sind. Die guten Lagerstätten sind schon erschlossen, die zweite Garde ist nicht mehr so ergiebig. Viele Milliarden US-Dollar sind nötig, um den Boom in Fahrt zu halten. Egal wie es weitergeht: die Gewinner stehen fest und die Banken sind in jedem Fall dabei! Die Verlierer sind schon jetzt etliche kleine und mittlere Bohrfirmen, die teils hoch verschuldet sind. Und die großen Aktivisten wie Shell, BP, BHP müssen bereits hohe Wertberichtigungen auf ihre Shale Gas Engagements vornehmen. (9), (18)

Zahlen & Fakten

Abbildung 1: Top 6 Energieträger in Neubauten nach Marktanteil 2011

Rang	**Energieträger**	**Marktanteil 2011 in Prozent**
1	Erdgas	50
2	Wärmepumpen	22,6
3	Fernwärme	15,4

4	Holz, Holzpellets	5,6
5	Heizöl	1,5
6	Strom	0,9
	Sonstige	3

Quelle: Bundesverband der Energie- und Wasserwirtschaft (BDEW), Statistische Landesämter Entnommen aus: Die Welt, 20.09.2013, S. 9 (19)

Abbildung 2: Top 15 Länder mit Schiefergasressourcen nach unterschiedlichen Schätzungen 2011-2013

		DERA (2012) 2)
Rang 1)	**Land**	**in Billione Kubikmete**
1	Argentinien	21,92
2	Mexiko	19,29
3	Südafrika	13,74
4	USA	13,65
5	Australien	11,22
6	Russland	9,5
7	China	8,6
8	Libyen	8,21
9	Algerien	6,51

10	Brasilien	6,4
11	Polen	5,3
12	Frankreich	5,1
13	Kanada	3,65
14	Norwegen	2,35
15	Chile	1,8

1) Ranking nach DERA (2012).

2) DERA (2012): DERA Rohstoffinformation. Energiestudie 2012. Reserven, Ressourcen und

Verfügbarkeit von Energierohstoffen. BGR, Hannover.

3) EIA (2011): World Shale Gas Resources: An Initial Assessment of 14 Regions Outside the

United States. U.S. Department of Energy, Washington, DC.

4) EIA (2013): Technically Recoverable Shale Oil and Shale Gas Resources: An Assessment of

137 Shale Informations in 41 Countries outside the United States. U.S. Department of Energy,

Washington, DC.

5) Polish Geological Institute (2012): Assessment of Shale Gas and Shale Oil Resources

of the Lower Paleozoic Baltic-Podlasie-Lublin Basin in Poland. First Report. Warschau, schätzt

die zu fördernden Ressourcen in Polen auf unter eine Billion Kubikmeter.

6)
www.eia.gov/analysis/studies/worldshalegas/
, zugegriffen am 08.07.2013.

Quelle: DERA, EIA, DIW Berlin Entnommen aus: DIW-Wochenbericht, 31/2013, S. 4 (20)

Weiterführende Literatur

(1) Heizenergie Erdgas weiter beliebt
aus www.powernews.org Meldung vom 29.01.2014 - 13:20

(2) Offensiven Vertrieb wagen
aus ZfK-Zeitung für kommunale Wirtschaft, Heft 02/2014, S. 27

(3) Ein schmaler Grat
aus SONNE WIND & WÄRME, Heft 02/2014, S. 18-19

(4) Die Wärmewende ist in Gefahr
aus www.powernews.org Meldung vom 29.01.2014 - 12:11

(5) BDEW: Erdgas ist bevorzugte Heizenergie
aus energate vom 28.01.2014

(6) In der Hand von Moskau
aus Süddeutsche Zeitung, 29.03.2014, Ausgabe

Deutschland, S. 28-29

(7) Nummer Eins bei fossilen Rohstoffen
aus Süddeutsche Zeitung, 29.03.2014, Ausgabe München, Bayern, Deutschland, S. 28

(8) Die Fracking-Legende
aus Süddeutsche Zeitung, 29.03.2014, Ausgabe München, Bayern, Deutschland, S. 29

(9) Umstrittener Fracking-Boom
aus "A3ECO" Nr. 09/2013 vom 05.09.2013 Seite 12,13

(10) Erdgas-Produktion geht zurück
aus ZfK-Zeitung für kommunale Wirtschaft, Heft 09/2013, S. 30

(11) Streitthema Fracking im Zeichen der EU- und Bunddespolitik
aus ZfK-Zeitung für kommunale Wirtschaft, Heft 02/2014, S. 4-5

(12) Keine großen Perspektiven in Europa
aus ZfK-Zeitung für kommunale Wirtschaft, Heft 09/2013, S. 30

(13) EU ebnet Weg fürs Fracking
aus neue energie, Heft 2/2014, S. 79

(14) Wunsch und Wirklichkeit
aus ZfK-Zeitung für kommunale Wirtschaft, Heft 09/2013, S. 30

(15) Cameron will Fracken

aus neue energie, Heft 9/2013, S. 75

(16) Kostentreiber Nummer eins
aus Entsorga Magazin 11-12 vom 26.11.2013 Seite 045

(17) Großes Bündnis gegen Fracking
aus ZfK-Zeitung für kommunale Wirtschaft, Heft 12/2013, S. 6

(18) Erschöpft und ernüchtert
aus ZfK-Zeitung für kommunale Wirtschaft, Heft 02/2014, S. 29

(19) D: Top 6 Energieträger in Neubauten, Belastung privater Haushalte durch eine Öl- und Gasumlage 2011
aus Die Welt, 20.09.2013, S. 9

(20) International: Top 15 Länder mit Schiefergasvorkommen, Erdgasreserven und Handel mit Flüssiggas 1997, 2010-2013, 2015-2040
aus DIW-Wochenbericht, 31/2013, S. 4

Impressum

Erdgas - Ist Schiefergasförderung mit Fracking ein Irrweg auf dem Weg zur nachhaltigen Energieversorgung?

Bibliografische Information der deutschen Nationalbibliothek

Die Deutsche Nationalbibliothek verzeichnet diese Publikation in der deutschen Nationalbibliografie; detaillierte bibliografische Daten sind im Internet über http://dnb.d-nb.de abrufbar.

ISBN: 978-3-7379-5717-5